AF532449

Matthias Müller ist Schriftsteller und Nachhaltigkeits-Berater. Er wohnt in Winterthur (Schweiz).

Angela Lyn ist Künstlerin. Sie wohnt in Lugano (Schweiz).

Geld.

Matthias Müller, Text

Angela Lyn, Illustration

emem Verlag / emem.ch / angelalyn.com

ISBN-Nr. 9783750436695

Herstellung und Verlag: BoD – Books on Demand, Norderstedt

"Geld." stellt Fragen. Fragen, die dazu dienen sollen, das Gespräch und das Denken über Geld zu motivieren.

"Geld." ist kein theoretischer Beitrag zur Finanztheorie. Es ist ein sprachlicher, naiv anmutender Versuch. Der Versuch, Geld besprechbar zu machen mit Sätzen und Fragen, die wir im Alltag häufig verwenden - mit routinierter Sprache. Es besteht kein Anspruch darauf, mit den Fragen alle Nuancen und Dimensionen von Geld zu erkunden.

"Geld." ist der Versuch, in Worten Antworten zu entdecken. Es ist eine Suche durch Sprache und kein Sachbuch.

"Geld." untersucht den Geldfluss, das Mehr und Weniger, das Währende und die Währung.

"Geld." entstand im Rahmen der Kunstausstellung "in the blue" von Angela Lyn 2020 in Zürich. "in the blue" war und ist der Treffpunkt von engagierten Menschen. Es ist der Raum des Ungewissen, der uns dazu auffordert, das zu tun, was uns und unsere Gesellschaft mit Zuversicht in die Zukunft blicken lässt.

Die Zukunft, in der wir menschliche Bedürfnisse in Einklang mit der Natur befriedigen.

Oft verstehen wir Geld als Abhängigkeit.

Geld und die Mechanismen von dessen Nutzung, Abnutzung, Vermehrung und Verminderung scheinen uns zu dominieren.

In der westlichen Welt scheinen wir von zwei Bedingungen auszugehen:

Geld hat sich zu vermehren.

Geld ist privat und nicht mit einer gesellschaftlichen Verpflichtung verknüpft.

Diese Bedingungen sind Hindernisse auf dem Weg in die Zukunft.

Wir können Fragen stellen. Und damit Hindernisse zu Energien umformen.

Wieviel Geld haben Sie nicht oder nicht mehr?

Wieviel Geld erwarten Sie noch - und wie sicher ist es, dass es den Weg zu Ihnen findet?

Ist Geld für Sie ein Gast?

Oder ein Familienmitglied?

Wie fliesst das Geld?

Wie fliesst es zu Ihnen?

Wohin fliesst Ihr Geld, wohin fliesst es nicht?

Warum?

Warum bleibt das Geld bei Ihnen - warum nicht?

Was tut Ihr Geld, wenn es bei Ihnen bleibt?

Welches Geld verlässt Sie gerne?

Welches Geld verlässt Sie ungern?

Was sind Ihre Verdienste?

Erhalten Sie Geld dafür - erwarten Sie Geld dafür?

Wovon wollen Sie mehr?

Wer hat danach weniger?

Wovon wollen Sie weniger?

Wer hat danach mehr?

Was ist Ihr Gewinn?

Können Sie ihn kaufen?

Wie verlieren Sie Geld?

Wem machen Sie deswegen Vorwürfe?

Was erwarten Sie, wenn Sie Almosen spenden?

Steigert es Ihr Selbstwertgefühl?

Was wertet Sie auf?

Was werten Sie auf?

Was ist nicht Ihr Verdienst?

Hätten Sie es doch gerne?

Wo liegt Ihr Geld an?

Wozu?

Vermehrt sich Ihr Geld?

Wie geschieht das, wer bezahlt?

Ergibt es für Sie Sinn, wenn sich Geld vermehrt?

Sind Sie glücklich deswegen?

Wofür behalten Sie Ihr Geld?

Wofür geben Sie es aus?

Was währt bei Ihnen?

Was ist Ihre Währung?

Gehen Sie davon aus, dass die Zahlen im Kontoauszug stimmen?

Worauf begründen Sie Ihre Sicherheit oder Unsicherheit?

Wie weiss das Geld, dass Sie es besitzen?

Wie weiss das Geld, dass es Wert hat?

Verleiht Ihnen Geld ein Recht?

Haben Sie mehr Recht, wenn Sie mehr Geld haben?

Wieviel von Ihrem Geld gehört eigentlich nicht Ihnen?

Unter welchen Bedingungen sind Sie bereit, diesen Anteil zurückzuerstatten?

Pflegen Sie Ihr Geld?

Was braucht Ihr Geld?

Was und wieviel kosten Sie?

Wer trägt die Kosten?